Itse olen kuin susi

Kristiina Haavikko

Itse olen kuin susi

10 vuotta pöytälaatikon uumenissa

Kannen kuva: Jaana Immonen

Kustantaja: BoD – Books on Demand, Helsinki, Suomi
Valmistaja: BoD – Books on Demand, Norderstedt, Saksa
ISBN: 978-952-339-456-8

SISÄLLYS

Sirpalesiivet

Lennät, tunnet sen ihanan tunteen,
joka syntyy vain, kun hyppäät kalliolta.

Nouset, ylös asti, ihan korkealle.
Mitä nyt? "Mayday mayday"

Sydämesi lähettää hätäviestin.
Kaikki ei ole kohdallaan, siipesi ovat sirpaleina.

I can fly, ajattelet jo englanniksi
Sen täytyy tarkoittaa loppua.

Hengitys, ja pelko jota hetki sitten tunsit, sammuvat.

Ne vaihtuvat siihen tunteen kaltaiseen
olotilaan, jota luullaan kuolemaksi

Mutta ehkä aloitat uuden elämän.

Olen pahoillani ettet pääse kertomaan sijaintiasi,
sillä olet poissa, en voi puhua kanssasi,
voin vain ajatella sinua

02.08.2007

Ensimmäinen nettiin julkaistu runo. Tästä kaikki lähti!

1

Huuto koulun käytävällä

Huomenta
Ulkona syötän kissaa
Uusi aamu alkaa
Tomaattimehua kurkusta
On aika lähteä kohti koulua

Katolta tylppiä ääniä
Osuu sadepisaroita
Unohdin lukita
Lopun kissanruoan
Unohdin itsenikin
Nolous pyrkii esiin

Kivat vaan minullekin
Ärsyttävällä intonaatiolla
Yllätetään selkäni takaa
Tänä iltana en näe auringonlaskua
Älä enää kuiskaa minua
Vaihdan katsetta
Älkää huutako
Liian hiljaa
Lupa kirkua
Äänet rikkoa

2007 lukioon kirjoitettu

2

Lintu sydämeni ikkunaan

Lintu lentää pahki
sydämeni ikkunaan

Liian puhtaaseen
läpinäkyvään kuolemaan

Itken ikkunan alla
linnun kauniit siivet eivät enää kanna

Kaivan sille haudan ilman ristiä
taivaalla elämänsä lentänyt haluaa välillä levätä

Kävelin pois hitain askelin
muiden lintujen surulaulua hiljaa kuuntelin

21.04.2008

3

Hiilellä hiekkaan

Kylmenevään iltaan
huudan tuskaan

Sydämeni sanojaan
kohottaa ilmaan

Hiilellä piirrän
hiekkaan tunteitani

Kylmillä käsilläni
nostan kauniimmin

Pudonneet sanasi
otan mukaani

Vielä vähän
viiltävät ne ihoani

Tähdet tulivat
seurassani katsoivat

Sanasi hävisivät
kyyneleeni putosivat

24.08.2008

4

Eräskin koeviikko

Motivaatio juoksee
pitkin seiniä
Minä istun
lattialla
Kirja kädessä
"haukionkalahaukionkala"
Ja vastaus on B

26.01.2009

Se

Ei koskaan ole ollut
kulmikkaita ympyröitä
eikä sinua ja minua sanottuna "me"

Rikkirevittyjä haaveita kannan
vielä monta vuotta sen jälkeen
kun sinusta tuli vain "se"

29.01.2009

6

Kesä

Kuuluu vain lintujen laulu
eksyn taivaan sineen
suudelmia auringolta
älä polta huuliani rikki

01.05.2009

What if Christmas never ends?

What if Christmas never ends?
Santa works forever
Christmas carols will ring

What if Christmas never ends?
Shops are open year around
Tough there's no snow to be found

What if Christmas never ends?
People eat too much food
It puts them in a foul mood

Little stars twinkle
No one cares
What they are

No, when Christmas never ends

20.01.2010

Suden hetki

Ääni jota rakastan
jota vihaan
ja silti kaipaan

Sanat joita en
tahdo kuula
silti odotan

Ihminen joka
olet sinä
ja et kuitenkaan

Vain
suden hetkellä
pimeässä

Tiedän
sinun
olevan
kanssani

Istun
yksin ikkunalaudalla
katsoen kuuta

Itse olen
kuin susi

07.08.2010

Tiäksie

Miten onki vaa kaikki nii ohkasta
Tosta vaan katoaapi
vaikka ihminenki,
taikka tunne kahen väliltä

Ja tiäksie että joskus
olis ihan hyväki sanoa että
"mie tykkään ja rakastan"
eikä aina sitä negatiivista huomioija
Tiäksie semmosta joka kestäis kaikkee?
Jotaki siettä joka pyssyy sellasena ku on?

On kait se vähä vaikeeta kuvitella
mut vois sitä jaksaa ootella ja katella
Mie vaan halusin sulle sanoa

Että tiäksie mie kyllä välitän
tiiän myös että sie
haluisit joskus sannoo sammaa

09.09.2010

10

Syksy

Syksyn lehtiä
yhtäkkiä sataa
kasvoilleni
syysviiman kylmettämille
yksi + yksi, ja en ole yksin

09.09.2010

11

October memory

Only my lonely voice
calling out to the darkness:
Tell me who I am and why!
October is a void in my mind
blindly walked roads
empty from everyone but me
reality distorted and unreal

Multiple times I tried
every door and window
maybe I could get away
October is a void in my mind
reality distorted and unreal
You were not there

03.11.2010

Loru inspiroi tämän.

Seashell's advice

See the beautiful horizon
ever moving water
and the sand between toes
see the trashing waves
hear the windy wail
endless surviving game
leave the storm alone
love the pale sandy shore

07.04.2011

NaPoWriMo day 7.

13

Kaunis

Kuljet kevään kanssa
aina aamuisin astelet
unesta unohtumattomaan ulkoilmaan
Näet niittyleinikit nupullaan
istut ihastelemaan ikuisuutta
suudelma sydämesi sulattaa

14.09.2013

Rajallinen

Rakkauden voi rajata
paperissa neljä sivua
yli et saa piirtää

Punaisella vain
tietty määrä sävyjä
liian vähän värikyniä

Kuva on tuhatkin sanaa
vaikka se liikkuisi
näemme yksiulotteisena

13.09.2013

Desert

Dry wind with a stale breath
even hotter than the sand

Singeing me from within
every breath I draw is pain

Running in circles of my mind is
the two-headed mouse with a red rubber ball

21.09.2013

Spring

Snow finally melting
pale morning light
rain misting so gently
I see the water run
nightingales singing
golden rays of Sun

03.04.2014

Kauhian herttanen

Sie oot kauhian herttanen
ku kätes vapisee miun käessä
Kauhian herttanen
ku yrität jotaki ruokaaki värkätä
Niin kauhian herttanen
ku iltasin vieresä huokaset syvvään

05.07.2015

Sie olit mulle kesä

Sie nauroit,
sannoit että kesäsatteella ei oikiasti kastu

Sie väitit,
että met ollaan niinku kukkia
Mie en usonnu,
mutta sie sait minut silti nauraa räkättään

Sinun kansa,
mie uskalsin olla mie
Ei se haitannu,
vaikken mie oikiasti tykänny kesästä

Sie tulit,
otit minut aina mukkaan
Ja mie,
mie olin niin hemmetin ilonen

Ja syksylä,
se olin sitte mie joka anto sulle aina sateenvarjon

20.10.2015

Lapsuuden ystävälle, johon en ole ollut pitkään aikaan
yhteydessä

19

Mie luulen että tää olis ohi

Mie tiiän ettei kannattais
kuunnella ennää sannaakaan
mitä sie suustas päästät
Pää käskee kääntyä
paukauttaa ovi peräsä
eikä ennää kattoa taakse

Syän ei kuitenkaan anna periks
täsä mie vieläki istun
ku sie itket anteekspyyntöäs
Eihän miehet ikuna itke
niin sie oot aina ennen saarnannu
ny kuiten käännät takkis

On se ihimeellistä, menetys
ku ei sitä kuitennaan halua
päästää irti siittä mikä on aina ollu
Muttako en mie tiiä
kehtaako sulle antaa anteeks
kait se takki kääntyy toisinki päin?

Sitte ku ei tartte enää peljätä
sitä mitä sie et halua menettää
eikä muistaa kuka täsä oikeen alotti
Mietippä vielä haluakko
sie ihan tosissaan kuulla
mitä mie yritän olla sanomatta

02.02.2016

20

Paperilla

En ole koskaan kirjoittanut
vessan seinään kuulakärkikynällä
enkä paperiin kajaalilla

Ovi valittaa yöllä
kipeämmin kuin minä
lävistän niitä kaksi

Peilistäni näen väsymystä
kasvoilta sängyllä hetken
pieni ja äiti nukkuvat sairaalassa

En ole kukaan
ja silti kirjoitan
miltä minusta tuntuu

01.04.2016

Denial at its finest

Not again
for a while

Never say no
if you can say maybe

There's always
a line to cross

If your legs work
you can surely jump back

No
Yes
No
Perhaps

09.06.2016

Laina - ajalla

Luen
aina uudelleen
ihmeellisestä elämästä
näen vain harhakuvia
aitoja minulla ei ole
-
ajattele
jotain kaunista
aamua jona rakkaus kuoli
loppua josta kaikki alkoi
leiki veitsen terällä tanssien
aikaa on vain vähän

07.07.2016

23

Syksy ja ruska

Lehti ilman vihreää,
punasta ja kultaa
kuin kaunis voiki olla

Punasta ja kultaa
punasta ja kultaa

Net ei jaksa ennää
piettää kiinni
kovin kauaa syksyisin

Lyhyt on aika
lyhyt on aika

Tuulee
Lehet lentää kauas
pyörii pitkin kairaa

Mustaa ja kylmää
mustaa ja kylmää

Syksy
riisuupi naamionsa
ku lehet lähtee puista

Aurinkoki häviääpi
aurinkoki häviääpi

09.09.2016

24

Talvi

Tuivertaa, tuiskuttaa
aivan valkeana on jo maa
leijailee lumihiutale
vielä en ole liian vanha
ihan varmasti pyydystän niitä kielellä

02.01.2017

25

Kymmenen vuotta

Katson taaksepäin,
yritän ymmärtää
mieleni sopukoita

Menneitä aikoja
en saa takaisin,
ne ovat muistoja

Elämäni polulla
nähtyjä näkyjä,
virtaa filminauhana

Unohtanut olen
niin paljon,
tärkeitä asioita

Tullut on nyt,
aika aloittaa alusta

18.04.2017

Kirjoita oma runosi: